DESCRIPTION

DU

DOMAINE D'ULADOWKA

(Russie Méridionale)

APPARTENANT A

S. Exc. le Comte Roman POTOCKI

PAR

Em. LÉGIER

1911

DESCRIPTION

DU

DOMAINE D'ULADOWKA

(Russie Méridionale)

APPARTENANT A

S. Exce le Comte Roman POTOCKI

PAR

Em. LÉGIER

1911

LE

DOMAINE D'ULADOWKA

Les circonstances météorologiques de cette année ont donné à la Russie une importance considérable, en raison de l'augmentation de récoltes de toutes sortes qui ont été favorisées par la nature. Déjà, l'an dernier la production sucrière de l'Empire russe avait été en augmentation de un million de tonnes environ sur celle de l'année précédente ; et cette année, alors que tous les pays producteurs de sucre gémissaient sur la sécheresse qui persistait sur la France, l'Allemagne, l'Autriche, l'Italie et qui rendait périlleux le déficit qui s'annonçait, la Russie voyait son agriculture suivre le cours normal de son évolution, sous l'action bienfaisante de la pluie qui arrivait au moment opportun, et préparer encore une récolte qui s'annonce comme devant être probablement égale à celle de l'an dernier. Le syndicat des fabricants de sucre de France a compris l'importance que pouvait avoir sur le marché des sucres le saut brusque qu'avait fait et allait faire encore la production russe et il a envoyé dans ce pays une mission dont le rapport a été rédigé par M. E. Saillard et qui jette un jour très vif sur l'agriculture russe.

Une autre conséquence de la sécheresse qui a désolé l'Europe occidentale est que la récolte de graines de betteraves qui est d'une très grande importance pour l'avenir de l'industrie du sucre de tous les pays, a été presque complètement manquée en Allemagne, en Autriche et en France. Sous l'action de la sécheresse qui s'est prolongée si longtemps, le développement normal des tiges porte-graines n'a pu se faire, la fructification qui s'était faite normalement, n'a donné que des fruits rabougris qui se sont desséchés sur place. Le résultat de cet état prolongé du manque d'eau fut une réduction des trois quarts environ de la récolte normale.

Mais, si la situation était déplorable en Allemagne qui doit être considérée comme le grenier qui approvisionne presque exclusivement tous les champs de betteraves d'Europe et en particulier de France et des Etats-Unis, il en était autrement de la Russie qui voyait de nouveau se répéter le miracle des années des vaches grasses et considérait avec joie les prémices d'une récolte abondante en graines de betteraves.

On ne sait pas assez en France que la Russie est très grande productrice de graines de betteraves ; mais en général, et à part quelques exceptions et quelques efforts qui n'ont pas persisté, cette graine, produite sur des domaines immenses de plusieurs milliers d'hectares, comme il n'en existe plus en France depuis l'abolition de l'ancien régime et la vente des biens des émigrés ; cette graine disons-nous ne dépasse pas le rayon immédiat de l'usine qui la produit sauf des achats faits par certains producteurs de l'étranger qui leur donnent une nouvelle nationalité par un baptême qui n'a rien d'orthodoxe et en leur faisant subir des mélanges de manière à se rapprocher des limites imposées par les normes de Magdebourg pour la pureté et les facultés germinatives.

La réussite des graines russes a pour cette année une importance telle que des achats considérables sont faits depuis plusieurs mois par des maisons étrangères pour satisfaire leur clientèle ou pour remplir les conditions des contrats que leurs agents ont passés depuis plusieurs années. Mais comme la demande dépassait l'offre, les prix n'ont pas tardé à doubler et même à tripler. Il est donc fort heureux pour l'avenir de la prochaine campagne et pour la suivante que la réussite des graines russes soit aussi complète, car si la production de la graine allemande est très réduite, les planchons comme les betteraves destinées à la fabrication ont également souffert de la sécheresse et il est presque assuré maintenant que la récolte de graines de 1912, ne pourra peut-être pas encore couvrir complètement les ensemencements de 1913.

Ce n'est pas d'ailleurs la première fois que la Russie fait d'importantes exportations de graines de betteraves et déjà les fournisseurs allemands dit un rapport publié dans le *Bulletin de la Chambre de commerce russe de Paris*, avaient acheté en 1909, de grandes quantités de graines en Russie pour couvrir les manquants dus aux intempéries d'un hiver précédent, qui avaient gelé les planchons et les porte graines. En octobre 1910, il en fut de même et des froids hâtifs endommagèrent fortement les planchons avant leur arrachage ou leur mise en silos. Ce n'est que grâce à l'appoint apporté par la Russie que les producteurs allemands purent remplir leurs engagements pour les ensemencements de 1911.

D'ailleurs, pour compléter les renseignements que nous donnons dans cet article, nous devons dire que des maisons allemandes importantes ont créé des succursales en Russie et dans la Pologne russe afin de fournir aux planteurs russes des graines issues du sol russe mais de mères allemandes et éviter ainsi des droits de douane qui ne sont pas insignifiants et qui s'élèvent à 50 kopeks, par poud, soit 8 fr. 15 0/0 kg.

Il est de toute première nécessité pour les transactions qui vont se faire pour les fournitures de graines destinées aux ensemencements de 1912 de prendre les plus grandes précautions et de suivre les conseils que notre confrère de la *Deutsche Zucker industrie* donnait récemment à ses lecteurs et qui peuvent tout aussi bien s'appliquer aux fabricants français. C'est de n'accepter que des graines d'un pouvoir germinatif irréprochable et d'éviter les mécomptes que des fabricants étrangers ont rencontrés en arrachant les betteraves de la campagne 1910-1911, qui contenaient des races fourragères dont les graines n'avaient pas été toutes *cuites* par défaut de chaleur. Ce mélange de graines cuites a pour but de rester dans la limite minima des normes de Magdebourg et d'augmenter le poids de la graine livrée.

Cette extension de la culture de la graine russe de betterave et cette faveur dont elle jouit auprès des producteurs étrangers qui la substituent à la leur dans les années de disette, n'a pas tardé à donner l'éveil à ceux qui la cultivent et à les inciter à se passer des intermédiaires, en opérant pour leur propre compte. Dans un voyage récent fait en Russie, au commencement d'octobre nous avons appris que plusieurs fabricants russes, grands propriétaires, se préparent à concurrencer les producteurs allemands de marque, sur leur propre marché et sur le marché français.

Le *Bulletin de la Chambre de commerce russe de Paris* dit en effet. « La concurrence sérieuse faite par les grainetiers allemands a forcé les grainetiers russes à sélectionner avec plus de soins leur production et on peut dire actuellement que les graines indigènes ne le cèdent en rien aux graines étrangères, au point de vue de la richesse saccharine ; elles les dépassent même au point de vue cultural parce qu'elles sont plus vivaces et donnent un rendement supérieur... »

L'exploitation agricole que nous avons visitée longuement, est celle de S. E. le comte Roman Potocki qui, dans la Pologne autrichienne, la Galicie, est le plus grand propriétaire foncier, et qui, dans la Russie méridionale possède le domaine d'Uladowka que nous avons vu entièrement et qui compte 8.464 hectares dont 3.318 de bois, 583 de prairies et 4.097 de terres labourables. Ce vaste domaine affecte la forme d'un quadrilatère irrégulier allongé de 26 km. de longueur sur 6.5 km. de largeur, avec une enclave de terres appartenant à des paysans et dont la tenue négligée contraste singulièrement avec la propreté du sol et l'abondance des cultures des terres du domaine. Ce bien est d'ailleurs formé de deux parcelles séparées par l'enclave en question. Sur le domaine vit une population importante de 5.000 habitants environ, distribuée dans cinq villages qui sont tous tributaires ou vivent du domaine, soit qu'ils y soient employés, soit qu'ils transportent les betteraves destinées à la sucrerie.

Sur le domaine existent : 1° l'exploitation agricole ; 2° la culture de la graine de betteraves ; 3° une fabrique de sucre ; 4° une distillerie de mélasse ; 5° une fabrique de vinaigre ; 6° une fabrique de superphosphates ; 7° un moulin à eau ; 8° l'exploitation forestière.

Nous passerons en revue ces diverses branches de l'activité du domaine d'Uladowka en insistant plus ou moins sur les détails qui peuvent intéresser nos lecteurs.

1° Exploitation agricole.

Le domaine tout entier est sous la responsabilité d'un administrateur directeur qui a sous ses ordres le directeur de chacune des sections que nous venons d'énumérer. Cet administrateur relève directement du directeur général des biens du comte Roman Potocki, résidant à Lemberg, en Galicie.

Le directeur ou chef de culture a sous sa responsabilité les sept fermes qui comprennent 4.097 Ha de terres labourables et dont les surfaces totales sont respectivement :

1° Uladowka	⎰ 4.650		Dont :	
2° Romanow	⎱			
3° Lozna	1.256		Terres labourables	4.097
4° Futory	545		Bois	3.318
5° Kolibabince	958		Prairies	583
6° Zorawne	720		Incultes et bâtiments ...	466
7° Nickolajewka	353			
Surface totale	8.464			

Sa mission consiste à visiter chaque jour chacune des six fermes et à veiller à ce que les travaux agricoles suivent leur cours normal. Il a à sa disposition une victoria traînée par quatre chevaux jeunes et vigoureux et parcourt chaque jour 70 à 75 km. par des routes comme il n'en existe qu'en Russie et en Algérie et qui ne sont que de simples pistes d'une largeur de 25 à 50 mètres tracées dans les terres labourables, sans souci de la pente qui, d'ailleurs, est faible et sans aucun empierrement. En automne, au début, ces chemins se parcourent avec assez de facilité, mais après que les charrois de betteraves ont tracé de profondes fondrières dans la terre amollie, ils deviennent presque impraticables jusqu'au moment où la neige ayant nivelé le sol, la victoria est alors remplacée par le traîneau.

On comprendra l'importance de la surveillance de ces fermes lorsque nous aurons dit qu'au moment où les travaux agricoles sont le plus actifs, c'est-à-dire pendant les mois où se font les binages de betteraves, la main-d'œuvre agricole s'élève à 4.000 ouvriers ou ouvrières.

Chacune des fermes dont nous avons donné les noms a un chef de culture à sa tête.

Ces fermes qui constituent chacune un seul morceau de terrain sont divisées en pièces d'une étendue à peu près uniforme, et comme l'assolement est de 8, 9 et 10 années, chacune des pièces a en moyenne une superficie de 50 Ha.

Cheptel et matériel agricole. — Le matériel agricole est spécial à chaque ferme. Nous n'entreprendrons pas le dénombrement des charrues, herses, extirpateurs qui sont employés, ni celui des locomobiles, machines à battre, semoirs à engrais et à graines combinés, trieuses pour graines de betteraves, etc.

Le cheptel est d'une grande importance, à cause de la nécessité de faire de grandes quantités de fumier. Il comprend : 270 chevaux de trait et 200 jeunes chevaux destinés à remplacer les premiers. Ces jeunes animaux sont nés sur le domaine de juments poulinières saillies par des étalons de l'Etat. La race est celle du pays, très vigoureuse et très robuste. En outre, il y a 400 à 500 bœufs de trait pour les travaux agricoles, plus 200 jeunes bouvillons. Le domaine nourrit en outre 400 vaches appartenant aux paysans.

Il n'y a pas de moutons ; mais des porcs et oiseaux de basse-cour dont le fumier appartient au domaine.

La nourriture qu'on donne à tout ce bétail est la suivante :

Chevaux : 6 kg. d'avoine par jour et 4 kg. de foin. Quand le travail est pénible on porte la ration d'avoine à 8 kg. Cette avoine est celle de Li-gowo.

Bœufs : Le bœuf qui travaille reçoit par jour 70 kg. de pulpe fraîche ou ensilée ou 16 kg. de feuilles de betteraves ensilées avec 16 kg. de son, plus 8 kg. de foin de trèfle.

En hiver, on ajoute 32 kg. de déchets de graines de betteraves et 800 grammes de mélasse et 2 kg. de son.

Bâtiments. — Les bâtiments à usage de magasins à céréales, graines, foin, paille ; et à usage de chaque ferme sont construits en pierre et re-couverts de tôle, de tuiles de bois ou de tuiles mécaniques. Ils sont très élé-gants et les produits à conserver, telles les graines de betteraves y sont en sécurité contre les intempéries de l'hiver russe, le gel, la neige et la pluie qui sont largement distribués dans cette saison.

Main-d'œuvre. — La main-d'œuvre est prise exclusivement dans le pays. Les ouvriers sont forts, mais peut-être un peu lents au travail et d'un ren-dement qui est probablement inférieur à l'ouvrier agricole français et belge. On distingue deux sortes d'ouvriers : 1° ceux qui habitent les vil-lages reçoivent un salaire de 1 fr. 50 et pendant la moisson, au maximum 4 francs. Ces ouvriers ne reçoivent ni nourriture, ni logement. 2° Ceux qui sont employés dans les fermes à l'année. Ils reçoivent 96 francs par an de salaire fixe, 66 francs d'indemnité de chauffage, 1.300 kg. de blé, un logement, un jardin d'une contenance de 28 ares, la nourriture néces-saire pour une vache, dont le fumier appartient à la ferme. Il lui est dû un supplément, quand il travaille le dimanche. Toutes ces conditions réu-nies constituent un salaire annuel d'environ 750 francs.

L'ouvrier doit travailler depuis le lever jusqu'au coucher du soleil. Il habite avec sa nombreuse famille, des isbas ou maisons en chaume qui, peu à peu, disparaît pour faire place à des toits recouverts de tôle qu'on peint en vert ou en rouge et qui donnent un aspect très pittoresque aux villages. Ces populations du domaine sont ruthènes, c'est-à-dire petits rus-siens. Elles sont de religion orthodoxe et parlent une langue slave, le ru-thène, qui s'est développé de la langue slave primitive, parallèlement au russe et au polonais.

La plupart des travaux agricoles se font à la journée. Les betteraves qui nous intéressent plus particulièrement sont ensemencées et binées, déma-riées au prix de 1.05 à 1.60 par jour. L'arrachage se fait à la tâche à rai-son de 2 fr. 70 la tonne brute non chargée, mais la betterave est décol-letée, mise en tas et recouverte de feuilles. Les racines sont ensuite trans-portées par les voitures du domaine ou par celles des paysans. Pour ces dernières, le prix est de 5 francs la tonne bruté.

Le salaire des hommes et des femmes qui travaillent dans les champs est uniforme, sans distinction de sexe, sauf pour les enfants.

Le paiement des ouvriers a lieu chaque semaine dans la ferme.

Nature du sol. — Le sol du domaine d'Uladowka est de deux natures bien distinctes nettement tranchées et séparées par la rivière de Boh (c'est-à-dire de Dieu). D'un côté les terres noires de la Russie, bien connues, de l'autre, des terres brun-clair. Les premières sont de qualité bien supé-rieure.

Les terres noires sont de nature argileuse avec sous-sol d'alluvion d'origine silurienne. Leur coloration est plus ou moins noire ,suivant la teneur en humus. D'après les renseignements qui nous ont été fournis et qui émanent des stations agronomiques de l'Etat, la composition de ces terres peut être condensée dans le tableau ci-dessous :

	Terres noires	Terres argileuses
Humus (0/0)	6.2 à 10.9	1.08 à 2.58
Ac. phosphorique (P'O')	0.009 à 0.035	0.029 à 0.093
Potasse (K'O)	0.10 à 0.25	0.093 à 0.140
Chaux (CaO)	0.54 à 2.18	0.256 à 0.683
Azote (Az)	0.15 à 0.48	0.096 à 0.312

L'examen de ces chiffres montre que pour les terres noires, les engrais phosphatés donnent de bons résultats, tandis que les terres argileuses à sous-sol granitique dont les affleurements sont nombreux, se trouvent très bien des apports de chaux et de potasse.

Conditions météorologiques. — Le domaine d'Uladowka est soumis au climat continental dont la caractéristique est le changement brusque des saisons et le passage rapide de l'hiver à l'été sans transition, c'est-à-dire avec suppression presque complète du printemps. L'automne existe aussi mais est long.

Nous donnons dans le tableau ci-après, les moyennes pour dix années (1901 à 1910), des observations faites dans les stations météorologiques officielles et à la station même d'Uladowka, et relatives à la température et à la pluie ou neige tombée. Ces chiffres concordent suffisamment entre eux. La quantité d'eau tombée en été, de juin à septembre, est seulement de 218.8 mm., c'est-à-dire la moitié de la totalité pour toute l'année. On doit donc s'efforcer de conserver cette réserve et pour cela, on évite de donner au sol des façons qui faciliteraient l'évaporation.

	Moyenne des stations météorologiques de la Podolie pour 1901 à 1910		Observations faites à Uladowka de 1901 à 1910		
	Température moyenne	Pluie millim.	Température moyenne	Eau millim.	Jours de pluie
Janvier	— 5.6	19.6	— 5.1	19.9	11.0
Février	— 3.4	18.7	— 3.4	16.6	9.1
Mars	— 1.4	25.6	0.4	22.0	9.1
Avril	6.5	44.0	6.6	52.8	13.3
Mai	14.4	58.8	14.1	60.8	13.7
Juin	17.4	72.8	17.7	94.2	13.3
Juillet	18.9	56.8	18.1	81.3	13.7
Août	18.4	45.0	17.6	50.7	11.0
Septembre	13.5	43.5	13.0	35.8	8.2
Octobre	7.8	38.0	6.8	35.8	9.5
Novembre	+ 0.8	30.5	0.8	30.7	11.5
Décembre	— 3.3	30.1	— 2.6	29.4	10.5
Moyenne	+ 7.0	483.4	+ 7.03	529.8	134

Eau tombée avril-septembre .... 375 mm.
—   octobre-mars .... 154 mm.

Total ...... 529 mm.

Température moyenne 7.03

Assolement. — On pratique sur le domaine d'Uladowka quatre sortes d'assolements ou rotation des cultures : deux de 10 années, un de 9 années, et deux de 8 années. Le tableau suivant les résume :

		10 années	10 années	9 années	8 années	8 années
1re	année	Betteraves	Betteraves	Blé	Betteraves	Blé
2e	—	Orge	Pois	Betteraves	Pois	Planchons
3e	—	Trèfle	Blé	Orge	Blé	Orge
4e	—	Planchons	Orge	Trèfle	Trèfle	Trèfle
5e	—	Blé	Trèfle	Planchons	Betteraves	Trèfle
6e	—	Betteraves	Trèfle	Blé	Sarrasin	Blé
7e	—	Pois	Blé	Betteraves	Seigle	Avoine
8e	—	Blé	Planchons	Avoine	Jachère	Pois
9e	—	Avoine	Avoine	Jachère		
10e	—	Jachère	Jachère			

Ce tableau demande quelques explications. Dans l'assolement de 10 années, les betteraves sont mises sur fumier, et le trèfle est ensemencé dans les chaumes de céréales. On ne met que deux fois du fumier pendant cette longue période, mais on ajoute des engrais chimiques ou autres, tels que chlorure de potassium, nitrate de soude, superphosphate d'os, cendres de bois de la sucrerie, vinasses de la distillerie, fumier de poule, etc., qu'on intercale dans les cultures.

Engrais. — Les engrais employés sont :

1° En tête la jachère qu'on a emblavée en lupin et qu'on retourne avant l'hiver.

2° Le fumier de ferme, qu'on épand avant l'hiver à la dose de 80 tonnes par hectare. On emploie aussi le fumier de poule dont on consomme par an, près de 500 tonnes.

3° Le superphosphate d'os fabriqué dans une petite usine annexe de la sucrerie avec des résidus de noir achetés dans d'autres raffineries et enrichi en potasse avec des vinasses de mélasse provenant de la distillerie. Ces vinasses ont 10° Brix ; elles servent à diluer l'acide sulfurique employé à 50° Baumé. Cet acide est reçu à 66° Baumé. La dose de superphosphate qu'on emploie est de 350 kg. par hectare.

4° Chlorure de potassium ou sel de Stassfurt à 40 0/0 KCl. Dose 60 kg. à l'hectare.

5° La cendre de bois. La sucrerie brûle du bois dans les générateurs à basse pression. Les essences utilisées, qui proviennent des forêts du do-

★

maine, mises systématiquement en coupes réglées sont : le frêne, le bou-
leau, le chêne, le hêtre ; mais c'est surtout le frêne et le hêtre qui do-
minent. La composition de ces cendres est la suivante, d'après le livre des
analyses du Laboratoire :

Acide phosphorique 3.10. Potasse 8.05. Chaux 30.21. Eau 5.03 0/0.

6° Les vinasses de la distillerie employées en irrigation.

7° On emploie aussi comme amendement, la chaux vive qu'on met en
silos pendant l'hiver et qu'on épand au printemps.

Méthodes culturales. — La base de la culture est la jachère sur laquelle
on a semé une légumineuse, en général le lupin, qui servira d'engrais
vert après avoir fixé l'azote atmosphérique sur ses nodosités. Ce procédé
de culture peut sembler archaïque aux agronomes de l'Europe occidentale ; toutefois, si l'on considère l'immensité des terres dont disposent les
grands domaines et la durée des assolements, on constate bientôt que la
jachère telle qu'elle est conçue à Uladowka, n'a de jachère que le nom.
La jachère telle qu'elle était pratiquée autrefois, ne comportait pas l'em-
blavement en légumineuse, et telle qu'elle est employée aujourd'hui, c'est
plutôt un amendement qu'un véritable repos du sol, un perfectionnement
cultural, qu'une mode surannée.

Le traitement ou préparation du sol est naturellement variable suivant
la nature de la culture qui doit suivre la jachère. Nous examinerons suc-
cessivement les deux cas de la betterave et du blé d'hiver.

1. Betteraves. — On fume la jachère emblavée en lupin avec du fumier de ferme et on laboure à 10 cm. de profondeur en avril-mai. En hiver,
on laboure une seconde fois à 25 cm. de profondeur, au printemps on
herse et on passe l'extirpateur vibrateur à 35 cm. de profondeur. On éga-
lise ensuite le sol avec un simple cadre en bois qu'on traîne sur le champ.
On roule au rouleau de bois, on sème les betteraves en même temps que
les engrais chimiques avec le même semoir à deux distributions et on ter-
mine par le passage du rouleau de fonte.

2. Céréales d'hiver. — On pratique les mêmes opérations, sauf que le
hersage et les opérations ultérieures sont faites avant l'hiver de manière
à semer les céréales en août. En outre, le second labour est fait à la même
profondeur que le premier.

Toutefois, les labours des céréales de printemps se font en automne, en
septembre et en hiver et au printemps, on ne donne plus de façons profondes de manière à conserver au sol la réserve d'humidité qui lui est né-
cessaire et dont nous avons parlé plus haut.

Les céréales d'hiver sont semées d'après l'ancienne méthode avec le semoir ordinaire et avec le nouveau semoir Dehne qui laisse deux lignes
vides pour chaque série de trois lignes très rapprochées, afin de permet-
tre le passage de la houe à cheval. On emploie aussi un semoir système
Demczinski qui a des lignes très rapprochées. On n'emploie avec ce semoir que 80 kg. de semence de blé par hectare. On utilise aussi le semoir
du système Pracner à Roudnice (Bohême).

Fig. 1. — Équipage pour l'inspection des fermes.

Fig. 2. — Sucrerie d'Uladowka.

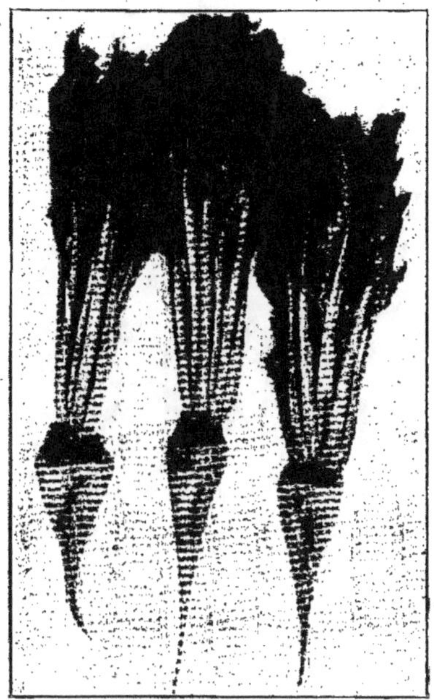

Fig. 3. — Types de betteraves pour la sucrerie.

Fig. 4. — Meules de graines de betteraves avant battage.

Fig. 5. — Battage des graines de betteraves.

Fig. 6. — Magasin à graines de betteraves attenant à une ferme.

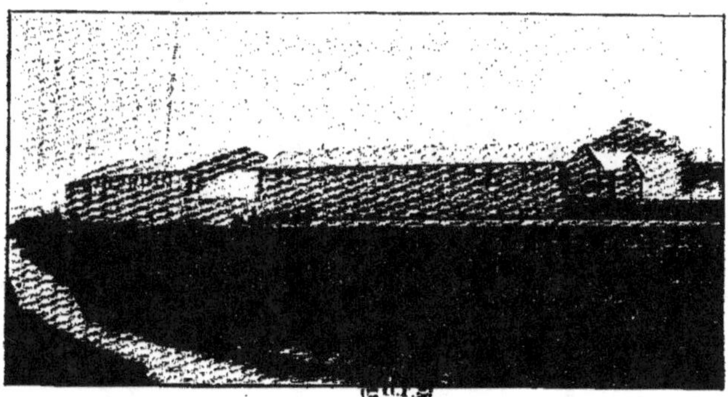

Fig. 7. — Magasin à graines de betteraves de la sucrerie.

Pour la graine de betteraves, on emploie le semoir à graines et engrais système Vilwert Dedina, à Kiew.

Surfaces emblavées. — Les surfaces emblavées en moyenne par année, sont les suivantes :

Betteraves à sucre pour la sucrerie ....Ha.	510
Betteraves super-élite	0,75
Betteraves élite pour graine	1,5
Planchons	56
Graines de betteraves	280
Blé d'hiver	680
Orge	295
Avoine	465
Pois	252
Trèfle pour semences	374
— pour prairies	280
Seigle	136
Jachères	237
Divers	112

La grande quantité de pois emblavés s'explique par les expéditions considérables de pois secs faites pour l'Allemagne. Ces pois sont utilisés dans la fabrication des saucisses pour l'armée allemande.

Rendement des récoltes. — On peut admettre que sur le domaine d'Uladowka et d'après les livres de l'Administration que nous avons consultés, que les différents produits récoltés donnent les rendements suivants par hectare :

Blé et orge d'hiver	26 quintaux métriques	
Betteraves à sucre	260	—
Avoine	30 à 34	—
Pois	22 à 26	—
Trèfle (graine)	5 à 7	
Graine de betteraves	18 à 20	

2° Culture de la graine de betterave.

La culture des graines de betteraves existe dans le domaine d'Uladowka depuis trente ans et ne s'est bornée jusqu'à ce jour qu'à la clientèle des sucreries voisines, comme pour la plupart des producteurs indigènes, dans les conditions que nous avons exposées au début de cet article. La variété de betterave qui est sélectionnée depuis cette époque provient d'une seule betterave de Klein-Wanzleben qu'on avait reconnue parfaite de forme, et de richesse saccharine élevée à cette époque. Depuis les débuts de la sélection, les betteraves obtenues chaque année tout en restant semblables comme forme à celle de l'ancêtre initial, ont augmenté en richesse saccharine. Les efforts actuels du Dr Sempolowski, qui est chargé du service de la sélection, sont dirigés dans la combinaison possible d'une betterave ayant le maximum de richesse avec un poids élevé permettant de produire le maximum de sucre à l'hectare.

Le Dr Sempolowski est d'ailleurs un professionnel de la sélection de la betterave. Les résultats qu'il a obtenus à Uladowka depuis dix années qu'il dirige ce service sont tout à fait remarquables. Il a pu appliquer toutes les connaissances spéciales qu'il avait acquises autrefois en Allemagne dans plusieurs maisons importantes de production de graines de betteraves. En outre, le Dr Sempolowski a été longtemps en Italie où il a institué des champs d'essais de betteraves dans le but d'introduire la culture et l'industrie du sucre dans cette région. Ses connaissances théoriques sont donc une garantie des résultats qu'il obtient et que nous signalons plus loin.

La graine de betteraves trouve d'ailleurs en Russie un habitat tout à fait favorable. La rigueur du climat en hiver, les étés relativement très chauds sont des conditions favorables pour produire une plante de résistance maxima et d'une durée assez courte de végétation, de façon à obtenir une betterave hâtive pouvant être arrachée de bonne heure. La profondeur de la couche arable qui atteint en moyenne 55 centimètres donne la certitude que la racine pourra pivoter en longueur et ne pas dégénérer dans sa forme.

Méthode de sélection. — La sélection de la betterave se fait chaque année par le choix de nouvelles betteraves qui seront le point de départ de nouvelles familles. C'est-à-dire que tous les ans, on sème 100 à 150 sujets de chaque famille qu'on place dans les mêmes conditions de culture, d'engrais, de nature de terrain, etc. A l'arrachage, on désigne une ligne, et dans cette ligne, 60 betteraves qu'on classe en racines au-dessus et au-dessous du poids moyen de 400 grammes. C'est sur ce lot qu'on fait un second choix dont les sujets sont au nombre de 10 à 12. On les choisit aussi purs de forme que possible, francs de collet, de poids moyen compatible avec la richesse saccharine. Ces betteraves dénommées super-élites sont conservées soigneusement dans une cave, dans du sable humide pendant l'hiver, puis plantées au printemps dans un jardin attenant à la sucrerie,où la surveillance est facile et où ces racines sont à l'abri des déprédations éventuelles et des attaques du gibier ou d'autres animaux. En outre, on les enveloppe d'une mousseline, au moment de la floraison et de la fructification pour éviter que cette dernière ne soit influencée par le pollen de betteraves voisines en fleur qui pourrait être apporté par les mouches ou le vent.

Il existe actuellement 60 souches ou familles qui sont destinées à fournir la graine. Les autres types de famille qui n'ont pas supporté l'épreuve du temps et qui ont dégénéré ont été sacrifiés et supprimés, de manière à ne conserver comme betteraves-mères que des types purs et riches.

On recueille soigneusement après l'arrachage et séchage, la graine obtenue sur chacun des 10 à 12 types choisis, on la pèse et on la conserve soigneusement pour servir au printemps suivant à l'obtention des élites.

Nous donnons, dans le tableau suivant que nous avons copié sur les livres du Laboratoire, les résultats des analyses de betteraves super-élites de la récolte de 1910, conservées pendant l'hiver, plantées au printemps et dont les graines destinées à fournir les élites et qui seront semées au printemps de 1912, ont été recueillies cet automne.

Analyse de 9 types super-élites choisis en 1910 et analysés en 1911 (mars).

Numéros	Poids en gr.	Sucre 0/0
1	1.100	20.1
2	950	19.3
3	750	19.3
4	850	18.8
5	950	19.2
6	1.200	19.4
7	900	19.0
8	1.000	19.2
9	1.000	19.7

On sème donc ces graines issues des super-élites, mais dans les champs, de manière à se placer déjà dans les conditions habituelles de la grande culture et on sélectionne encore à l'arrachage dans les mêmes conditions que pour la formation des types de super-élites, les betteraves élites que celles-ci ont données. On les analyse deux fois, en automne et au printemps et on les plante un peu après cette seconde opération. On obtient une graine qui sera alors le point de départ des planchons.

Le tableau de la page suivante montre la variation du poids et de la richesse saccharine, ainsi que la proportion de betteraves correspondant à ces deux conditions pour les élites choisies en 1910 et analysées et plantées en 1911.

Analyse des élites en 1911 (printemps).

Polarisation	POIDS MOYEN DES BETTERAVES														
	600	650	700	750	800	850	900	950	1000	1050	1100	1150	1200	1250	Total
18.5	3	24	20	18	3	4	2	2	1						77
18.6	5	15	32	17	10	5		3		1					88
18.7	9	36	32	22	18	8	3	4	1						133
18.8	6	34	39	25	18	17	4	5	1	3	1	2	1		153
18.9	16	21	37	27	13	4	5				1				127
19.0	4	13	21	9	7	8	3	1		1	1				68
19.1	14	29	33	17	11	10	2	2			1			1	119
19.2	10	44	29	26	20	18	8	6	3	1					166
19.3	7	22	21	11	15	4	4	3	2	2	1		1		92
19.4	7	21	22	15	8	3	4	3		2					86
19.5	2	18	17	14	7	7	5	6	1						77
19.6	5	28	31	14	5	5	7	2	1	1					96
19.7	8	20	19	18	11	5	3	2	1	1					88
19.8	7	16	19	10	5	3	2								62
19.9	3	9	10	8		4									36
20.0	2	6	3	4	3	2						1			21
20.1	3	6	5	7	6										27
20.2	1	3	9	4	5	2	1	1							25
20.3	2	4	6	2	1		1								17
20.4		2	2	2			1	1							8
20.5		1	3												4
20.6	1	2	1	1	1										6
20.7		1	2			1									4
20.8		1		1											2
21.1															1
21.4			1			1									1
	115	376	414	269	167	112	55	42	11	12	5	3	2	1	1584

Il nous paraît intéressant de donner les renseignements relatifs à la descendance de deux betteraves super-élites étudiées en 1907 et 1908. Celle de 1907 n° 2 avait un poids de la racine de 1.050 grammes. L'examen du tableau montre que la moyenne du poids des betteraves issues de ce n° 2 a rarement dépassé 800 grammes et que la richesse saccharine

Betterave-mère n° 2, 1907, poids 1.050 gr. sucre 0/0 17,1.

SUCRE 0/0

Poids gr.	14,5	15,0	15,5	16,0	16,5	17,0	17,25	17,5	17,75	18,0	18,25	18,50	18,75	19,0	19,25	19,50	19,75	20,0	20,25	20,50	20,75	21,0	21,25	21,5	21,75	22,0	22,25	22,50	Total
400		1	1	2	2	9	8	9	7	11	10	17	9	8	3	2	5	1	2	4	4	2	1	1	2	1	1	2	125
450				2		2	1	6		8	3	7	3	3	1	2	1	1		2	2	1	1	1					47
500			1	1	7	3	4	5	2	5		10	5	3	4	2	2	1	2	2	1	1							61
550		1		1	1	3	1	3	2	6	2	5	4	2		2	1	1								3			35
600				1		2	1	3	2	4	1	2	2					1											19
650					1	1	1	1	1	1	1	1	1		1														10
700					1	3	1	2	1	2	1	2	1																14
750				1	2	2	1	3	1					1															11
800	1				2	1	1		1		1																		7
850				1	1			2																					4
900															1														1
950		1		1	1																								3
1.000						1																							1
1.050																													
1.100																													1
1.150						1																							1
1.200																													
1.250			1																										1
Nombre de bet.	1	3	3	10	18	28	19	34	17	37	19	44	25	17	10	8	9	5	4	8	7	4	2	1	2	4	1	2	340

1,2 — 17,3 — 31,5 — 30.9 — 5,3 — 4,1 — 3,5 — 3,2 — 1,2 — 0,9 — 0,9

18,5 0/0   81,5 0/0

Poids moyen de 340 betteraves, 509 gr., provenant de la descendance avec 20,1 0/0 de sucre

Betterave-mère n° 7 (1908). Poids 550 gr. Sucre 0/0 20,1.

Poids gr.	SUCRE 0/0														Total
	16,5	17,0	17 25	17,50	17,75	18,0	18,25	18,50	18,75	19,0	19,25	19,50	19,75	20,0	
400								2	3	1	1	3	2	6	18
450			1		1	2		2	3	3	5	3		2	22
500			2	1	1	1	1	2	2	2	1	6	1	6	26
550	1			1		2		2	4		1	1	1	2	15
600				1					1	1	2	2	1	4	12
650								1			1	1			3
700					1				1		1		1		4
750		1													1
800								1							1
Nombre de betteraves	1	1	2	3	3	4	3	8	13	7	10	18	9	20	102

1.1 — 6.7 — 17.2 — 31.7

56.7 0/0

Poids gr.	SUCRE 0/0												Total	Total génér.
	20,25	20,50	20,75	21,0	21,25	21,50	21,75	22,0	22,25	22,5	22,75	23,0		
400	4	6	3	6	2			1		2		2	26	44
450	5	4	4	2	3	1		1					20	42
500	3	5		4		2							14	40
550	3	1	1	1	1	1	2						10	25
600	1	1	1	1		1							5	17
650	1	1		1									3	6
700														4
750														1
800														1
Nombre de betteraves	17	18	9	15	6	5	2	2		2		2	78	180

19.5 — 13.3 — 6 4 — 2.2 — 2.2

43.3

Descendance : 180 betteraves à 482 gr. Sucre 0/0 19.86

moyenne a donné 62.4 0/0 de sujets compris entre 17.25 et 19 0/0. Le
n° 7 qui avait 20.1 0/0 de sucre a donné surtout des sujets ayant une

moyenne de 20 0/0 de sucre et est dans des conditions meilleures que le n° 2. Toutefois, celui-ci a été choisi pour obtenir des sujets à grands poids et à richesse saccharine satisfaisante.

On procède alors aux semailles provenant des graines récoltées des élites et on obtient ainsi les planchons. Ceux-ci sont traités à la manière ordinaire, binés, arrachés, ensilés dans les champs tandis que les mères élites, au contraire, sont mises dans des caves sur des claies. Au printemps, on les analyse par forage et digestion aqueuse à froid et on les classe suivant leur richesse saccharine de la manière suivante :

1° Au-dessus de 20 0/0 de sucre.

2° Entre 18 et 20 0/0 de sucre.

3° De 16 à 18 0/0 de sucre.

4° Au-dessous de 16 0/0 de sucre.

Ces dernières betteraves sont rejetées :

La catégorie n° 1 est celle qui est destinée à donner les betteraves super-élites dans lesquelles on choisira les 10 à 12 types destinés à rajeunir la race.

Ce système de sélection procède comme on le voit de la sélection individuelle et de la sélection par familles, le meilleur pour éviter la dégénérescence de la race.

En outre, les betteraves super-élites de la classe n° 1 ci-dessus sont encore divisées en trois séries *a b c* correspondant à 20, 21 et 22 0/0 de sucre et dans lesquelles on procède à une sélection très sérieuse pour obtenir des types aussi purs que possible pour l'avenir.

Il ne reste plus maintenant qu'à planter les planchons destinés à l'automne à fournir la graine commerciale.

Si nous résumons la suite des opérations que nous venons de décrire, nous voyons que la graine qui a été récoltée en 1911 provient de super-élites choisies en 1907. En effet :

1907 Choix des super-élites.
1908 Plantation des super-élites et récolte de la graine des élites.
1909 Ensemencement et récolte de la graine pour planchons.
1910 Ensemencement et récolte des planchons.
1911 Plantation des planchons et récolte de la graine commerciale.

Si, d'autre part, on considère les surfaces relatives, occupées par ces diverses cultures, on admet qu'un hectare de planchons donne 10 hectares de betteraves porte-graines.

Traitement de la graine de betterave. — La graine de betterave arrivée à maturité est fauchée, les tiges sont mises en meules et battues aussitôt afin de les soustraire aux rigueurs de l'hiver dans les champs. On opère d'ailleurs de même pour toutes les récoltes. On l'ensache et on la transporte dans les magasins spéciaux qui ont été installés dans ce but dans chaque ferme. Là, on la met en tas plats, ce qui est facilité par la grande superficie de ces magasins et on la retourne de temps en temps pour la faire sécher. Il n'y a pas de système de séchage artificiel parce que la clientèle indigène accepte peu volontiers les graines ayant été séchées soit par la vapeur ou par les tourailles. On la passe ensuite dans les plansichters très simples et on la met de nouveau en tas pour achever la dessicca-

tion. La mise en sacs et le plombage ne se font qu'au moment des expéditions.

Les graines de betteraves récoltées à Uladowka sont soumises à un contrôle sévère concernant le pouvoir germinatif et la force germinative ;
celle-ci est très accentuée comme on peut le voir par le tableau suivant
qui donne la comparaison entre une graine étrangère et les graines du
domaine issues de diverses fermes.

Campagne 1911. — Essais de germination.

Graines	Graines germées	Graines non germées	Nombre de graines dans un gr.	Graines germées 0/0 glomérules après 6 jours force germinat.	après 14 jours Pouvoir germinat.	Nombre de germes dans 1 gramme après 6 jours	14 jours	Impuretés 0/0
Etrangère ...	79	21	48	149	154	84	74	2.30
Uladowka ..	90	10	52	161	171	71	89	2.28
—	90	10	48	179	194	86	93	2.95
—	89	11	50	173	181	87	91	2.01
—	96	4	46	236	240	109	110	1.85
—	94	6	48	231	249	111	119	2.10
—	94	6	47	186	191	87	90	2.01
—	94	6	45	214	230	96	104	1.59

La *Gazeta Cukrownicza* a publié récemment une série d'expériences culturales sur diverses graines, en comparaison avec la graine Potocki à Uladowka.

Nous reproduisons ces tableaux ci-après :

Sucrerie de Jzrowka, gouvernement de Varsovie.

	Poids de la betterave en gr.	0/0 de feuilles	Sucre 0/0
1. Uladowka	235	57	16,40
2. Fr. Dippe. Uzin.	209	53	16,35
3. Ostaszewski	188	50	15,25
4. Fr. Dippe Orig. W. 1	188	50	16,52
5. Buszczynski et Lazynski	184	49	16,20
6. Rabbethge et Giesecke Orig.	195	51	15,85
7. Buszczynski et Lazynski	192	50	16,35
8. Aleksander Janasz	165	55	16,50
9. Rabbethge et Giesecke Winnica	207	50	16,80
10. W. Mayzel-Brzozowka M. I	226	43	15,75
11. Fr. Dippe Orig.	222	48	16,85
12. Helczynski	198	47	16,75
13. Schreiber-Jagubier	182	43	16,05
14. Heine-Hadmersleben	198	51	15,85
15. Otto Breustedt Schladen	170	50	16,20
16. W. Maysel Brzozowka MO. I	204	40	15,85
17. Kuhn et Cie, Naarden	187	49	16,85
18. Potocki	208	46	16,45
19. E. Zalgski « La Royale »	179	37	16,20
20. Schreiber E. Orig.	210	24	16,35

Sucrerie de Satanoff, gouvernement de Podolie.

	Poids de la betterave en gr.	0/0 de feuilles	Sucre 0/0
1. Uladowka	333	59	17,00
2. Fr. Dippe-Uzin	247	55	17,70
3. Ostaszewski	214	53	18,00
4. Fr. Dippe-Original	200	40	18,10
5. Buszczynski et Lazynski Max	184	54	17,40
6. Rabbethge et Giesecke-Orig.	205	59	17,40
7. Buszczinski et Lazynski-Ouest	199	50	18,20
8. A. Janacz	205	45	18,60
9. Rabbethge et Giesecke-Winnica	224	60	18,10
10. W. Mayzel	224	69	17,20
11. Fr. Dippe Orig.	216	56	17,90
12. Helcsynski	242	64	18,10
13. Schreiber-Jagubier	225	60	18,00
14. Heine-Hadmersleben	239	59	17,60
15. O. Breustedt-Schladen	218	47	17,80

Sucrerie de Szpilowka, gouvernement de Charkoff.

	Poids de la betterave en gr.	0/0 de feuilles	Sucre 0/0
1. Uladowka	639	83	16,80
2. Fr. Dippe-Uzin	420	83	16,10
3. Ostaszewski	480	87	17,20
4. Fr. Dippe Originale	504	85	15,75
5. Buszczynski et Lazynski	482	87	16,10
6. Rabbethge et Giesecke Originale	359	93	16,40
7. Buszczynski et Laszynski	445	78	15,90
8. Al. Janascz	386	78	16,50
9. Rabbethge et Giesecke-Winnica	427	89	16,00
10. W. Mayzel	418	92	16,00
11. Fr. Dippe-Originale	469	88	16,25
12. Helczynski	365	106	15,85
13. Schreiber-Jagubier	427	82	16,40
14. Heine-Hadmersleben	449	78	15,20
15. O. Breustedt-Schladen	435	107	16,50

Sucrerie de Kostobor, gouvernement de Tchernigoff.

	Poids de la betterave en gr.	0/0 de feuilles	Sucre 0/0	Pureté
1. Uladowka	649	47	17,77	90,15
2. Fr. Dippe-Uzin	467	51	17,90	91,59
3. Ostaszewski	578	46	17,65	92,90
4. Fr. Dippe Orig. W. I	596	48	17,76	89,70
5. Buszczynski et Lazynski	440	68	17,64	91,20
6. Rabbethge et Giesecke Orig.	445	49	17,78	87,90
7. Buszczynski et Laszynski	562	57	17,84	90,10
8. A. Janascz	612	48	18,61	91,90
9. Rabbethge et Giesecke-Win.	511	44	17,74	89,60
10. W. Mayzel	555	46	17,18	88,70
11. Fr. Dippe-Orig. W. I	581	45	17,22	91,00
12. Helczinski	576	42	17,63	92,80
13. Schreiber-u-Sohn-Jagubier	566	50	17,32	89,40
14. F. Heine-Hadmersleben	544	50	17,68	93,10
15. O. Breustedt-Schladen	476	48	17,02	90,00

Les renseignements suivants nous ont été fournis et émanent de sucreries indigènes qui ont employé les graines Potocki provenant d'Uladowka.

Sucrerie de Kremenczuki (Wolhynie).

Producteurs	Sucre 0/0 de betteraves	Jus Pureté	Poids moyen gr.	Poids des feuilles
Rabbethge et Giesecke à Winnica	17.2	87.2	248	164
Dippe frères	17.0	87.3	261	177
Schreiber	17.1	87.5	223	146
Uladowka (Potocki)	16.9	87.1	264	182
Vilmorin	17.1	87.3	227	154
Antoniny (reproduction)	16.9	86.9	258	173

Sucrerie de Vojlowce (Podolie).

Uladowka	19.66	89.0

Sucrerie de Siniawa (Podolie).

Uladowka	18.04	87.4

Nota. — « Votre betterave était une des meilleures. »

Nous donnons ci-après, quelques chiffres pris dans le contrôle chi-
mique :

Jus de diffusion	Brix 16.2	Pureté 88.5	Alcalinité 0.7 p. litre
Jus saturé de Ier	Brix 14.9	Pureté 91.8	Alcalinité 0.4 —
— IIe	Brix 19.5	Pureté 92.3	Alcalinité 0.15 —
— IIIe	Brix 18.1	Pureté 93.0	Alcalinité 0.15 —
Sirop	Brix 65.6	Sels de chaux 0.098 0/0	
Masse cuite Ie.	Brix 91.5	Pureté apparente 93.5	
Egout riche	Pureté appar. 91.1		
— pauvre	— 84.8		
Cossettes épuisées	Sucre 0/0 0.35		
Ecumes	Sucre total 1.34		

3° Sucrerie.

La sucrerie est raccordée à la gare d'Uladowka par un chemin de fer
à la même voie normale que la ligne de Kalinowka à Gajworon, c'est-à-
dire 75 cm. Ce raccordement a une longueur d'un kilomètre et permet
d'amener à l'usine les betteraves produites en dehors du domaine. Une
locomotive fait ce service. La sucrerie d'Uladowka travaille par jour près
de 600 tonnes de betteraves. Les betteraves travaillées après 15 jours de
fabrication avaient une richesse saccharine moyenne de 15,30 0/0 avec
une pureté de 87.5. Nous ne décrirons pas cette usine qui n'a aucune par-
ticularité à signaler, sauf le soin avec lequel elle est tenue. L'appareil
d'évaporation est un quadruple-effet avec corps de chauffage Witkowitz.
Les sucres de bas-produits sont refondus dans le jus de IIe carbonatation.
La diffusion comprend 14 diffuseurs de 40 Hl. chauffés par la vapeur du
2e corps. Les écumes sont refoulées dans les filtres-presses par une pompe
centrifuge. Toutes les pompes sont d'ailleurs du système centrifuge. On

n'emploie à la carbonatation que 2,35 0/0 de chaux. Les générateurs sont tombés à 4 et à 6.5 kg. et sont chauffés au bois et au charbon. La consommation de combustible transformé en houille est de 70 kg. par tonne de betteraves.

4° DISTILLERIE.

La distillerie située non loin de la sucrerie, travaille les mélasses de la sucrerie et environ 100.000 q. m. de mélasses achetées à des sucreries voisines. Elle met par jour en œuvre 35.000 kg. de matière première et travaille 8 mois de l'année. Les vinasses concentrées sont livrées à une fabrique de potasse ou irriguées. Les alcools produits par la distillerie sont livrés à l'exportation, principalement en Turquie, par Odessa. La distillerie achète en outre des flegmes qui sont rectifiés et qui vont au monopole russe pour la fabrication de l'eau-de-vie ou wodka. Ces achats s'élèvent à 25.000 Hl. D'autre part, on utilise annuellement 2.500 Hl. pour la fabrication du vinaigre d'alcool par oxydation sur des copeaux de bacs. Cette distillerie compte parmi les deux ou trois plus grandes distilleries de l'empire russe.